Jeder neue Morgen ist
ein neuer Anfang unsers Lebens.
Jeder Tag ist ein abgeschlossenes Ganzes.

Dietrich Bonhoeffer

Dietrich Bonhoeffer

VON GUTEN MÄCHTEN
WUNDERBAR GEBORGEN

Gedeutet von Udo Hahn

Butzon & Bercker

EINE HEILE WELT IST UNS NICHT VERHEISSEN

Eine heile Welt,
ohne Sorgen,
ohne Leid,
ohne Krieg
ist uns nicht verheißen.
Aber Trost,
der uns stärkt,
ermutigt und
Gutes hoffen lässt.
Höre nie auf zu hoffen,
dass das Licht alle Dunkelheit vertreibt.
Denn über Nacht
kann sich deine Angst legen,
können Blätter sprießen,
durchbricht ein Grashalm den Asphalt,
versöhnen sich Menschen,
wächst Gerechtigkeit,
wird Frieden.

Udo Hahn

DER GLAUBE
KANN UNS TRÖSTEN.

EIN FREMDER GOTT IST
DIE ANTWORT
AUF UNSERE FRAGEN.

NICHTS IST UMSONST.

Nach Dietrich Bonhoeffer

EIN WORT ZUVOR

Es ist das letzte erhaltene Dokument von Dietrich Bonhoeffer, dem wohl bedeutendsten evangelischen Theologen des 20. Jahrhunderts. Und es ist zugleich sein bekanntestes und populärstes: das Lied „Von guten Mächten wunderbar geborgen" – sein geistliches Vermächtnis, inzwischen von mehr als siebzig Komponisten vertont. Der Schluss seines Briefes an seine Verlobte Maria von Wedemeyer vom 19. Dezember 1944 ist ein Gebet, das schon vielen Menschen Trost inmitten der Ungewissheiten des Lebens spendete.

Bonhoeffer wurde nur 39 Jahre alt. Siebzehn Bände umfasst sein Gesamtwerk. Wer sich mit ihm befasst, begegnet einem Wissenschaftler, Prediger, Seelsorger, Dichter – einem Menschen, einem Zeitzeugen und Zeitgenossen, der beglückende Höhenflüge erlebte und schrecklichste Situationen der Verzweiflung bis zum Tod am Galgen erlitt. Der das Leben liebte und in den Krisen seiner Zeit nach Gott fragte, nach der Botschaft der Bibel für den Einzelnen wie für die Gesellschaft.

„Was sagt Gott hier zu uns?", lautete seine Frage, wann immer er sich mit dem Alten und dem Neuen Testament befasste.

DURCH DAS LESEN IN DER BIBEL LÄSST SICH DER „FREMDE GOTT", SO BONHOEFFER, FINDEN, DER „ALLEIN DIE ANTWORT AUF UNSERE FRAGEN" IST.

In dieser Unmittelbarkeit, die an Martin Luther erinnert, erwartet wohl heute kaum ein Mensch, Antworten zu finden: eine Hilfe zum Glauben und zum Leben. Und doch lohnt sich die Beschäftigung mit Dietrich Bonhoeffer, der uns in seinen Ängsten und Hoffnungen nahe kommt, dessen Sprache verständlich ist und dessen Bilder eingängig sind. Der um glaubwürdige Antworten ringt. Dem man abzunehmen bereit ist, dass sein Glaube ihn zu trösten vermochte. Und das wünschen wir uns auch für uns selbst.

Udo Hahn

VERTRAUEN IST DER MUT,
VIELLEICHT, DENNOCH, ABER, TROTZDEM,
NOCH EINMAL, ZU SAGEN. WARUM NICHT?

VERTRAUEN IST EINE LEBENSKRAFT:

KRAFT ZUM **GLAUBEN.**
KRAFT ZUM **LIEBEN.**
KRAFT ZUM **HOFFEN.**
KRAFT ZUM **HANDELN.**

Udo Hahn

VON GUTEN MÄCHTEN
WUNDERBAR GEBORGEN

Von guten Mächten treu und still umgeben
behütet und getröstet wunderbar,
so will ich diese Tage mit euch leben
und mit euch gehen in ein neues Jahr.

Noch will das alte unsre Herzen quälen
noch drückt uns böser Tage schwere Last,
Ach Herr, gib unsern aufgeschreckten Seelen
das Heil, für das Du uns geschaffen hast.

Und reichst Du uns den schweren Kelch, den bittern,
des Leids, gefüllt bis an den höchsten Rand,
so nehmen wir ihn dankbar ohne Zittern
aus Deiner guten und geliebten Hand.

Doch willst Du uns noch einmal Freude schenken
an dieser Welt und ihrer Sonne Glanz,
dann woll'n wir des Vergangenen gedenken,
und dann gehört Dir unser Leben ganz.

Lass warm und hell die Kerzen heute flammen
die Du in unsre Dunkelheit gebracht,
führ, wenn es sein kann, wieder uns zusammen!
Wir wissen es, Dein Licht scheint in der Nacht.

Wenn sich die Stille nun tief um uns breitet
so lass uns hören jenen vollen Klang
der Welt, die unsichtbar sich um uns weitet,
all Deiner Kinder hohen Lobgesang.

Von guten Mächten wunderbar geborgen
erwarten wir getrost, was kommen mag.
Gott ist bei uns am Abend und am Morgen,
und ganz gewiss an jedem neuen Tag.

Dietrich Bonhoeffer

DIETRICH BONHOEFFER –
SEIN LEBEN UND WIRKEN

Dietrich Bonhoeffer wird am 4. Februar 1906 in Breslau als sechstes von acht Kindern geboren. Sein Vater ist der Arzt und Neurologe Prof. Dr. Karl Bonhoeffer, seine Mutter Paula von Hase. Mit 17 Jahren macht er das Abitur und studiert in Tübingen, Rom und Berlin Theologie. Vier Jahre später wird er promoviert. 1928 absolviert er das Erste Theologische Examen und wird Vikar in der deutschen Gemeinde in Barcelona. 1930 legt er das Zweite Theologische Examen ab und habilitiert sich in Berlin im Fach Systematische Theologie. Da er zur Ordination noch zu jung ist, geht er für ein Studienjahr nach New York. 1931 kehrt er nach Berlin zurück und wird vom Weltbund für Freundschaftsarbeit der Kirchen zum Jugendsekretär für Europa gewählt.

Zwei Jahre später übernimmt er ein Auslandspfarramt in London. 1935 wird er Studiendirektor des Predigerseminars der Bekennenden Kirche erst auf dem Zingsthof, dann in Finkenwalde, das nach der Schließung durch die Polizei 1937 jedoch bis 1940 illegal weiter besteht. 1939 reist Bonhoeffer nach London und in die USA – und kehrt im Juli wieder nach Deutschland zurück.

Nach dem Entzug der Lehrerlaubnis für Hochschulen im Jahre 1936 erhält er 1940 Rede- und Schreibverbot. Über seinen Schwager Hans von Dohnanyi bekommt er Anschluss an den politisch-militärischen Widerstand um Admiral Wilhelm Canaris, der ihn im Amt Ausland/Abwehr im Oberkommando der Wehrmacht beschäftigt. Als Vertrauensmann knüpft Bonhoeffer mit Hilfe seiner ökumenischen Kontakte Verbindungen zwischen den westlichen Regierungen und dem deutschen Widerstand.

Am 7. Januar 1943 verlobt er sich mit Maria von Wedemeyer, am 5. April wird er unter der Beschuldigung der Wehrkraftzersetzung verhaftet. Erst nach dem gescheiterten Attentat vom 20. Juli 1944 gelingt es der Gestapo, Bonhoeffer eine Widerstandstätigkeit nachzuweisen. Am Abend des 3. April 1945 wird er zusammen mit anderen Häftlingen zunächst über Regensburg nach Schönberg gebracht, wo sie in einer Schule interniert werden. Am 5. April gibt Hitler vermutlich den Vernichtungsbefehl für die Beteiligten des 20. Juli. Am 8. April wird Bonhoeffer ins KZ Flossenbürg verlegt und noch in der Nacht werden die Gefangenen von einem Standgericht verurteilt. Gemeinsam mit Canaris, Hans Oster und Karl Sack wird Dietrich Bonhoeffer in den frühen Morgenstunden des 9. April 1945 durch den Strang hingerichtet. Am 6. August 1996 hebt das Landgericht Berlin das Todesurteil auf und rehabilitiert den Theologen, der als ökumenischer Märtyrer verehrt wird. Weltweit sind nicht nur Kirchen, sondern auch Schulen, Krankenhäuser, Straßen und Plätze nach ihm benannt.

HÖRE NIE AUF ZU HOFFEN.

ÜBER NACHT DURCHBRICHT
EIN GRASHALM DEN ASPHALT.

LICHT VERTREIBT ALLE DUNKELHEIT.

Udo Hahn

WER NUR VON DER **ZUKUNFT** TRÄUMT,
DEM WIRD DIE **VERGANGENHEIT**
SIE NICHT WIEDERBRINGEN.
DEM GEHT AUCH DIE GEGENWART VERLOREN,
WEIL ER NICHT MERKT,
DASS ER **JETZT LEBT.**

ZERBROCHENE TRÄUME SIND KEIN BEWEIS DAFÜR, DASS ALLE MÜHE IM LEBEN UMSONST IST.

Udo Hahn

WEIHNACHTSGRUSS FÜR DICH
UND DIE ELTERN UND GESCHWISTER

Ein Weg des Glaubens, der Hoffnung, der Liebe – in sieben Schritten beziehungsweise Stationen. So lesen wir die Strophen des Liedes heute. Ob Maria von Wedemeyer es auch so gesehen hat? Die erste Leserin, sie war Dietrich Bonhoeffers Verlobte. Kein Liebesbrief, aber doch schreibt der Theologe in die Intimität einer Beziehung hinein. Es ist ein persönliches Glaubenszeugnis. Worte, die ein tiefes Vertrauen zum Ausdruck bringen. So spricht einer, der zufrieden, gelassen, vergnügt scheint. Doch der Anschein trügt. Der Autor sitzt beim Schreiben dieser Verse nicht etwa auf einer Parkbank, sondern in einer Kerkerzelle. Anfang 1943 war er inhaftiert worden, zunächst in Berlin-Tegel. Am 8. Oktober 1944 wurde er in das Kellergefängnis des Reichssicherheitshauptamtes in die Berliner Prinz-Albrecht-Straße verlegt. Das heute als „Topographie des Terrors" bekannte Gelände war der zentrale Ort, an dem die meisten Verbrechen des nationalsozialistischen Regimes geplant und gesteuert wurden.

Statt mit seinem Schicksal zu hadern, wirkt er zufrieden. Mehr noch: Er spricht sogar im Superlativ – alles sei wunderbar. Und er schmiedet Zukunftspläne – vor Weihnachten schon den Jahreswechsel in den Blick nehmend, ein neues Jahr vor Augen.

NICHTS KANN IHN TRENNEN – SCHON GAR NICHT VON GOTT, ABER AUCH NICHT VON SEINEN LIEBEN.

DAS HÖRT SICH AN WIE BEIM APOSTEL PAULUS, DER, IM GEFÄNGNIS SITZEND, EINE GLAUBENSZUVERSICHT AUSSTRAHLTE, DIE NEUGIERIG MACHT AUF DIE QUELLE, AUS DER ER DIESE KRAFT SCHÖPFT.

GEBET

Jeder Mensch braucht einen festen Halt.
Er kann sich selbst nicht festhalten.
Was ihm Halt gibt, liegt nicht in ihm.
Jeder Mensch braucht Selbstvertrauen.
Er kann sich aber nicht immer
selbst vertrauen.
Was ihn vertrauen lässt,
liegt nicht in ihm.
Vertrauen möge einziehen,
wo Misstrauen wohnt.
Hoffnung möge sich ausbreiten,
wo Ohnmacht herrscht.
Liebe möge wachsen,
wo Hass wurzelt.
Freude möge blühen,
wo Trauer lähmt.
Glaube möge entstehen,
wo Zweifel nisten.

Udo Hahn

VON GUTEN MÄCHTEN
TREU UND STILL UMGEBEN ...

Die „guten Mächte" sind die Klammer, die das Lied zusammenhält und den Bogen von der ersten bis zur siebten Strophe spannt: „treu und still umgeben" sie ihn – so, als wären sie ganz selbstverständlich da. Wer sind diese Mächte? Zu ihnen gehören wohl auch Bücher – fast neunzig Titel aus den Bereichen Theologie, Philosophie, Naturwissenschaft, Kunst, Geschichte und Literatur hat Bonhoeffer gelesen. Neben der Gefängnisbibliothek, die er nutzen konnte, bekam er auch aus dem Kreis seiner Familie manche Publikation.

OFFENSICHTLICH IST, DASS ER TEXTE LAS, IN DENEN ER SELBST TROST FINDEN KONNTE.

Bibel

oder

ie ganze

ige Schrift

des

alten und neuen

Testamen t

nach

der deutschen Ue[bersetzung]

Dr. Marti[n]

Es sei gut, „Paul-Gerhardt-Lieder zu lesen und auswendig zu lernen", notiert er zu Beginn seiner Haftzeit am 14. April 1943 in seinem Tagebuch. Und an anderer Stelle: „Paul Gerhardt hat sich in ungeahnter Weise bewährt." Mehrfach nimmt er in dieser Zeit auf den Dichter des Dreißigjährigen Kriegs Bezug, dessen Lieder von besonderer geistlicher Tiefe geprägt sind. Und wie Gerhardt richtet sich Bonhoeffer an den biblischen Psalmen aus: „Meine Zeit steht in deinen Händen" (63,16). „Den Psalter lese ich wie seit Jahren täglich, es gibt kein Buch, das ich so kenne und liebe wie dieses" (15. Mai 1943).

ICH WERDE GEHALTEN

Vertrauen:
Wort gegen die Angst.
Halt in der Angst.
Brücke über die Angst.
Weg aus der Angst.
Vertrauen heißt:
Nicht ich richte mich auf,
sondern ich werde aufgerichtet.
Nicht ich habe Mut,
sondern ich werde ermutigt.
Nicht ich führe,
sondern ich werde geführt.
Nicht ich halte,
sondern ich werde gehalten.
Vertrauen ist weniger ein Tun,
sondern vielmehr ein Lassen.

Udo Hahn

„... BEHÜTET UND GETRÖSTET WUNDERBAR"

Ein Wort kommt – wie die guten Mächte – zweimal in dem Lied vor, in der ersten und in der letzten Strophe: „wunderbar". Nichts könnte die eigene Gefühlswelt treffender beschreiben, als dass er sich behütet, getröstet, geborgen fühlt. Kein Jammern, kein Hadern, kein Klagen. Obwohl er bösen Mächten wehrlos ausgesetzt ist. Und diese haben Namen: Adolf Hitler, Nationalsozialismus, Diktatur. Menschen werden ausgegrenzt, verfolgt, inhaftiert – in Gefängnissen und Konzentrationslagern –, sie werden enteignet, gequält, verschleppt, ermordet. Bonhoeffer hat früh den gnadenlosen Charakter dieses Terrors erkannt und Widerstand geleistet. Die Zuversicht der Psalmbeter macht ihn schier unerschütterlich: „Du bist bei mir, wie die Luft, die mich umgibt. Bei dir bin ich geborgen" (139,5). „Gott will, dass seine Engel bei dir sind – immer und überall" (91,11).

„GOTT IST DA.
AUF IHN IST IMMER VERLASS" (54,6).

AUF EBEN DIESEN VERS NIMMT ER BEZUG UND SCHREIBT:
„SO SPRICHT EIN MENSCH ZUM ANDERN,
SO TRÖSTET ER DEN ANDERN UND SICH SELBST."

TROST — ENTLASTUNG FÜR
WUND GERIEBENE SEELEN.

DEN ENGEL IM LEBEN ENTDECKEN
IN EINEM AUFMUNTERNDEN WORT:

DU WIRST GEFÜHRT.

IN EINER ERMUTIGENDEN GESTE:

GEH DEINEN WEG.

IN EINER AUSGESTRECKTEN HAND:

DU WIRST GETRAGEN.

DER ENGEL SUCHT MIT DIR

DEN RICHTIGEN WEG.

GEHE MIT IHM, AUCH WENN DEIN HERZ

VOLLER ANGST IST.

Udo Hahn

„... SO WILL ICH DIESE TAGE MIT EUCH LEBEN ..."

Keine Spur von Unruhe oder Aufgeregtheit, von Angst oder Leid. Das Gegenteil scheint der Fall: Die erste Strophe ist geprägt von demonstrativer Gelassenheit, von Gleichmut, gar innerer Ruhe.

WER SICH VON GUTEN MÄCHTEN GEBORGEN WEISS,
DEN KANN ANSCHEINEND NICHTS AUS DER RUHE BRINGEN
ODER AUS DER BAHN WERFEN.
LEBEN IM GLEICHGEWICHT, AUSGEGLICHEN.
DAS WÄRE WUNDERBAR!

DU MUSST VERTRAUEN ...

Vertrauen ist ein Geschenk.
Du kannst es nicht erzwingen.
Du kannst es dir wünschen.
Du kannst es erbitten.
Du musst es dir schenken lassen.
Du musst deine Hand öffnen.
Du musst vertrauen.
Auch wenn dein Leben vielschichtig ist.
Auch wenn deine Wege unklar sind.
Auch wenn dich Zweifel plagen.
Auch wenn deine Träume platzen.
Auch wenn deine Seele unruhig ist.
Auch wenn dir Zynismus begegnet.

Udo Hahn

Dass er im Gefängnis sitzt und überhaupt keine Mög-
lichkeit besteht, seine Verlobte, seine Familie zu sehen, ist ihm keine Erwähnung wert. Es klingt so, als
lebten sie zusammen.

„Von guten Mächten" ist auch ein Segenslied. Dietrich
Bonhoeffer ist einer, der in der Gewissheit lebt, Segen
empfangen zu haben – und diesen Segen mit seinen
Worten weitergibt.

„SO WILL ICH DIESE TAGE MIT EUCH LEBEN" –
DIESES ICH WEITET DEN BLICK ÜBER DEN VERFASSER
HINAUS AUF DEN, DER LEBEN SCHENKT UND
ZU DEM ALLES LEBEN ZURÜCKKEHRT: AUF GOTT.
ER IST QUELLE UND URSPRUNG DES SEGENS.

„… UND MIT EUCH GEHEN IN EIN NEUES JAHR"

Das Leben eines jeden Menschen weist zahllose Übergänge auf. Situationen, in denen wir uns auf der Schwelle sehen – von einem Raum zum andern. Übergänge, die im Kalender der Kirche und des Glaubens markiert sind: Taufe, Firmung/Konfirmation, Trauung. Aber auch der erste Schultag, die bestandene Lehre, das Abitur, der erste Kuss, der Geburtstag, vor allem aber der Jahreswechsel – Tage, die vom Rückblick und Ausblick geprägt sind. Was war? Was wird kommen? Wird es besser? Wird es schlechter? Was auch kommen mag, eines steht fest: Auch das neue Jahr wird ein Jahr des Herrn – vor dem Hintergrund unserer Zeitrechnung, die auf Christus Bezug nimmt und die Zeit in „vor" und „nach" teilt.

Diese Zuversicht strahlt auch ein Gedicht aus China aus, dessen Verfasser/Verfasserin nicht bekannt ist: „Ich sagte zu dem Engel, der an der Pforte des neuen Jahres stand: Gib mir ein Licht, damit ich sicheren Fußes der Ungewissheit entgehen kann. Aber er antwortete:

GEH NUR HIN IN DIE DUNKELHEIT,
UND LEG DEINE HAND IN DIE HAND GOTTES!
DAS IST BESSER ALS EIN LICHT UND
SICHERER ALS EIN BEKANNTER WEG.

„… NOCH WILL DAS ALTE UNSRE HERZEN QUÄLEN"

„Noch" – ein einziges Wort kann die gesamte Perspektive verändern. „Noch will das alte unsre Herzen quälen" – wir sind aufgescheucht, finden keine Ruhe, weder innerlich noch äußerlich. Wir sind verzagt, überfordert angesichts der zahllosen Ansprüche, die wir zu erfüllen haben und an denen wir doch immer wieder scheitern. Wir sind Getriebene, rastlos, wollen alles haben – und noch viel mehr. Und werden, wenn wir erreichen, was wir wollen, kaufen, was uns gefällt, doch nicht gelassen und zufrieden.

Aber dieser Zustand dauert nicht mehr lange, keinesfalls für immer, denn Änderung ist in Sicht. Noch sind wir nicht am Ziel, das Beste kommt noch. Schon jetzt beginnt etwas Neues. Das Vorzeichen ändert sich. Alles wird anders. Doch: Das Schwere ist noch da. Also doch kein Trost, sondern nur Vertröstung? Für den Glaubenden wächst mit der Gewissheit des „schon jetzt" die Kraft, das Schwere auszuhalten. Wir wissen, dass auch die guten Mächte da sind, nicht nur die bösen.

MIT GOTT TRITT MAN
NICHT AUF DER STELLE,

SONDERN MAN BESCHREITET

EINEN WEG.

Dietrich Bonhoeffer

„… NOCH DRÜCKT UNS BÖSER TAGE SCHWERE LAST"

Ein zweifaches „noch": Wir werden gequält und ge-drückt. Böse Tage, schwere Lasten, ein gequältes Herz – Worte, die jenseits ihrer Poesie die Realität der Welt gut zu beschreiben verstehen. Die Vorstellungs-kraft und die Erfahrung eines jeden Menschen lässt sogleich die Beispiele vor dem inneren Auge erstehen, die das Leben so mit sich bringt. „Christen stehen bei Gott in seinen Leiden. Gott geht zu allen Menschen in ihrer Not", dichtet Bonhoeffer an anderer Stelle. Die Welt ist, wie sie ist. Unbeschreiblich in ihrer Schön-heit – und unaussprechlich ist oft das Leid, das die Stimme versagen lässt.

Unsere Seelen sind oft aufgeschreckt – und angesichts des Elends vor unseren Augen, ob in der Nähe oder in der Ferne, oft verzagt. Was kann ich als Einzelner denn tun? Die Gegenmächte wirken schier erdrückend. Bonhoeffer hält es mit den Psalmbetern: Sie richten ihr Gebet, ihre flehentliche Bitte, ihre ganze Erwartung auf Gott.

GOTT FÜHRE UNS FREUNDLICH DURCH DIESE ZEITEN;
ABER VOR ALLEM FÜHRE ER UNS ZU SICH.

Dietrich Bonhoeffer

OHNE **LIEBE** IST ALLES,
WAS DU TUST, NICHTS WERT.
OHNE **HOFFNUNG** IST ALLES,
WAS DU TUST, SINNLOS.
OHNE **GLAUBE** IST ALLES,
WAS DU TUST, VERGEBLICH.

WER ABER LIEBT, LEBT IMMER GLÜCKLICH.
WER ABER HOFFNUNG HAT, KANN ALLES VERÄNDERN.
WER ABER GLAUBT,
FINDET IMMER EINEN WEG.

Udo Hahn

„... GIB UNSERN AUFGESCHRECKTEN SEELEN DAS HEIL, FÜR DAS DU UNS GESCHAFFEN HAST"

Viele Menschen kommen nicht zur Ruhe. Wer kann schon den Anforderungen, den Ansprüchen, die täglich an einen gerichtet werden, entsprechen und sie erfüllen? Schon der Kirchenlehrer Augustinus verstand es, diese Unruhe zu deuten: „Unruhig ist unser Herz, bis es ruht in dir." Die Botschaft der Bibel will entlasten – sie ist Evangelium im wörtlichen Sinne: frohe Botschaft. Gott hat für uns das Heil geschaffen. Es ist alles getan. Wir sind von Gott geliebt – ungeachtet unserer Leistungen und unserer Fehler. Für den Glaubenden ist das Heil schon jetzt da.

Dieses Heil ist aber nicht mit Glück zu verwechseln. Im Neuen Testament kommt der Begriff gar nicht vor, jedoch wird die Erfahrung von Glück zum Thema: „Ich (Gott) mache Schwache stark", weiß Paulus (2. Korinther 12,9) zu formulieren, wie es auch die Seligpreisungen der Bergpredigt ausdrücken.

„VIEL GLÜCK UND VIEL SEGEN" WÜNSCHEN WIR IN DEM WISSEN, DASS ES UM ETWAS GEHT, WAS EINEM GESCHENKT UND NICHT VON EINEM SELBST GEMACHT WERDEN KANN. NACH BIBLISCHEM VERSTÄNDNIS ZEICHNET SICH GLÜCK NICHT IM HABEN (WOLLEN) AUS, SONDERN IM LOSLASSEN (KÖNNEN).

OHNE ANGST

Wie tief der Abgrund
auch scheinen mag,
du wirst immer aufgefangen.
Baue auf dieses Versprechen
das Haus deines Lebens.
Richte dich in ihm ein.
Und du wirst erkennen,
dass der kommende Tag
seine Schrecken verlieren wird:
dass du ohne Angst
mutig dein Leben
gestalten darfst,
wenn die Zuversicht
alles umschließt.

Udo Hahn

„UND REICHST DU UNS DEN SCHWEREN KELCH, DEN BITTERN"

Wenn Heil nicht mit Glück identisch ist, was ist es dann? Vaclav Havel, der frühere tschechische Präsident, hat vor dem Hintergrund seiner eigenen Krebserkrankung seine Erfahrung so ausgedrückt:

> „HOFFNUNG IST EBEN NICHT OPTIMISMUS.
> SIE IST NICHT DIE ÜBERZEUGUNG,
> DASS ETWAS GUT AUSGEHT,
> SONDERN DIE GEWISSHEIT,
> DASS ETWAS SINN HAT –
> OHNE RÜCKSICHT DARAUF,
> WIE ES AUSGEHT."

Ja, die Sache kann auch böse enden. Statt zum Guten, kann es sich zum Schlechten wandeln. Der bittere Kelch, der einem gereicht wird, gefüllt bis zum Rand – nicht etwa nur ein Schluck, der einem schon alles verderben kann. Ihn annehmen zu können, das scheint unsere Kräfte zu übersteigen, auf jeden Fall unsere Gefühle. Von wegen dankbar – auch das noch! Wie kann man nur? Auch hier nimmt Bonhoeffer am Beter eines Psalms Maß:

„LOBT GOTT UND VERGESST
KEINES SEINER GESCHENKE" (103,2).
ODER AN HIOB: „GOTT GIBT – UND NIMMT.
SEI IHM DANKBAR – IMMER" (HIOB 1,21).

STÜCKWERK

Das perfekte Leben ist eine Illusion.
Nicht alles wird dir gelingen,
nicht alles wirst du erreichen,
vieles bleibt unvollkommen.
Stückwerk und Scherben.
Die Bruchstücke deines Lebens
werden eines Tages
zu einem neuen Ganzen geformt.
Dann wird alles Stückwerk zu Ende sein.

Udo Hahn

„... DES LEIDS, GEFÜLLT BIS AN DEN HÖCHSTEN RAND"

Der Kelch des Leids entspricht nicht einfach nur den üblichen Alltagssorgen und der Ungewissheit, wie es nach zwei Jahren Gefängnis für Bonhoeffer weitergeht. Die Liste der Leiden ist konkret und vielfältig. Der Zweite Weltkrieg produziert Opfer über Opfer. In den Konzentrationslagern werden Juden massenhaft ermordet. Vor diesem Hintergrund verschlägt es den einen die Stimme. Die anderen klagen mit den Worten der Psalmen. Leid – das ist alles, was einen belastet: körperlich wie seelisch.

Die Welt produziert zu allen Zeiten Opfer. Auch heute. Täglich. Überall. Krieg ist eine Geisel, die die Menschheit nicht los zu werden scheint. Die Folgen werden immer dramatischer: Wer kann, flieht. Vertrieben werden Menschen auch, wenn die klimatischen Bedingungen das Überleben bedrohen. Und überhaupt: Der Weltfrieden ist mehr denn je gefährdet. Der höchste Rand scheint längst erreicht. Die Nöte sind so groß, dass der Kelch des Leids inzwischen schon überläuft.

„… SO NEHMEN WIR IHN DANKBAR OHNE ZITTERN AUS DEINER GUTEN UND GELIEBTEN HAND"

„Dein Wille geschehe" – so beten wir mit dem Vaterunser, dem Gebet Jesu. Und immer wieder berichten Menschen davon, dass ihnen diese Bitte die unangenehmste sei. Sie bedeutet, was sie wörtlich aussagt:

nicht wie ich will, sondern wie Gott will. Im Gebet vollzieht sich letztlich die Aufgabe meiner Wünsche. Zur Gebetserfahrung gehört es auch, den Willen Gottes nachvollziehen zu können. Die Bereitschaft Jesu, sich auf den Weg ans Kreuz einzulassen, war für ihn keine Selbstverständlichkeit. „Behüte mich, Gott, in allem. Aber dein Wille gilt", betete er vor seiner Gefangennahme (Matthäus 26,39).

Im Kern geht es um die Frage, ob wir Gott vertrauen, ob wir ihm unser Leben wirklich anvertrauen. Oder ob wir ihn als Erfüllungsgehilfen unserer Wünsche ansehen. Das Gebet als Automat. Der Grat ist schmal, auf dem wir unterwegs sind. Sich darauf zu verlassen, sich darauf einzulassen, dass Gott weiß, was gut für uns – für mich – ist, das ist eine Kunst.

ALLES, WAS WIR MIT RECHT VON GOTT ERWARTEN, ERBITTEN DÜRFEN, IST IN JESUS CHRISTUS ZU FINDEN.

Dietrich Bonhoeffer

„DOCH WILLST DU UNS NOCH EINMAL FREUDE SCHENKEN ..."

Eine Hoffnung, die nur auf die Zukunft – zugespitzt und biblisch gesprochen: auf das Leben nach dem Tod – gerichtet ist, dürfte wenig trösten. Zur Erinnerung: Die Hoffnung der Psalmbeter ist auch und gerade auf das Diesseits gerichtet. Die Gründe mag man für geradezu unverschämt halten: Wer soll denn Gott loben, wenn Gott diejenigen, die es tun könnten, den bösen Mächten opfern würde? So wird von den Betern der Psalmen erwartet, dass Gott in den Lauf der Geschichte eingreift. Und zwar als Erfahrung der Gegenwart und nicht als Hoffnung auf die Zukunft nach dem Ende der Zeit.

Nein, so weit ist es noch nicht. „Noch einmal" will Gott uns Freude schenken. Das klingt nach Henkersmahlzeit. Nach einem kleinen Aufschub, einem kleinen Zeitgewinn. Wer sich – wie Bonhoeffer – darauf einließ, die Kräfte des Widerstands zu unterstützen, der wusste, mindestens ahnte er es, dass die Zeit des irdischen Lebens begrenzt sein konnte. So viel Realitätssinn besaßen die Männer und Frauen des Widerstands.

> MAG SEIN, DASS DER JÜNGSTE TAG
> MORGEN ANBRICHT, DANN WOLLEN WIR GERN
> DIE ARBEIT FÜR EINE BESSERE ZUKUNFT AUS DER HAND LEGEN,
> VORHER ABER NICHT.

Dietrich Bonhoeffer

GOTT VERTRAUEN HEISST:

NICHT ICH RICHTE MICH AUF,
SONDERN ICH WERDE AUFGERICHTET.
NICHT ICH HABE MUT,
SONDERN ICH WERDE ERMUTIGT.
NICHT ICH FÜHRE,
SONDERN ICH WERDE GEFÜHRT.
NICHT ICH HALTE,
SONDERN ICH WERDE GEHALTEN.
GOTT VERTRAUEN IST WENIGER MEIN TUN,
SONDERN VIELMEHR IHN TUN LASSEN.

Udo Hahn

„... AN DIESER WELT UND IHRER SONNE GLANZ"

Sich an der Welt erfreuen. Was für ein Rat!? Manche tun das ungeniert, ganz auf die Erfüllung der eigenen Bedürfnisse bedacht. Wie Egoisten so sind – ohne Blick für die Bedürfnisse ihrer Mitmenschen. Zugleich sehen immer mehr Menschen die größeren Zusammenhänge, dass der Wohlstand der einen zu Lasten und auf Kosten vieler anderer geht. Kann man da der Sonne Glanz unbeschwert genießen? Das Buch des Predigers im Alten Testament greift diese Frage auf. „Alles hat seine Zeit", so lautet das Thema des 3. Kapitels. In der Folge wird dann aufgelistet, wie sich alles wandelt, wie das Pendel hin und her schlägt: weinen und lachen, klagen und tanzen, behalten und wegwerfen. Die Quintessenz des Predigers: „Trotz größter Anstrengungen bleibt am Ende nichts übrig" (3,9). Ist am Ende doch alles sinnlos (gewesen)? Keineswegs! „Da ging mir ein Licht auf", schreibt der Prediger: „Wie auch immer sich alles entwickelt, ich darf fröhlich sein, das Leben genießen, essen und trinken und zuversichtlich sein, denn Gott gönnt mir das" (3,12f.).

„DANN WOLL'N WIR DES VERGANGENEN GEDENKEN ..."

Im Rückblick das Gute erinnern. Üblicherweise fällt das schwer. Das Unerfüllte bleibt im Gedächtnis oft stärker haften. So braucht es die Mahnung, das Gelungene nicht aus dem Blick zu verlieren. Psalm 103 enthält Worte wider die Vergesslichkeit: „Lobe Gott und behalte im Gedächtnis das Gute, das er dir getan hat" (103,3). Der Aufruf zum Lobpreis Gottes hat einen Grund: Der Psalmbeter nimmt vergebene Schuld und die Heilung zum Anlass für diesen überschwänglichen Jubel. Und er fordert sich selbst auf, das Erlebte nur ja nicht zu vergessen, sich aber vor allem daran zu erinnern, dass er dies allein Gott verdankt.

Der Beter dieses Psalms dürfte sich mit dieser Haltung wohl von vielen Menschen seiner und unserer Zeit unterscheiden. Geht es mir gut, wozu brauche ich dann Gott? Geht es mir schlecht, dann ist seine Hilfe natürlich hochwillkommen. Geht es mir wieder gut – dann war es vielleicht gar nicht so schlimm. Oder: Wie war ich wieder toll, dass ich mich aus dieser Situation befreit habe! Es geht auch ohne Gott. Wirklich?

Ein Politiker sagte einmal auf die Frage, warum er bei seiner Vereidigung im Deutschen Bundestag nicht „ja, mit Gottes Hilfe" geantwortet habe: „Ich habe in meinem Leben noch nie die Hilfe Gottes erfahren." Wirklich nicht?

ICH GLAUBE, DASS GOTT UNS IN JEDER NOTLAGE SO VIEL WIDERSTANDSKRAFT GEBEN WILL, WIE WIR BRAUCHEN. ABER ER GIBT SIE NICHT IM VORAUS, DAMIT WIR UNS NICHT AUF UNS SELBST, SONDERN AUF IHN VERLASSEN.

Dietrich Bonhoeffer

„... UND DANN GEHÖRT DIR UNSER LEBEN GANZ"

Das Bild vom lieben Gott ist uns natürlich das liebste. Zum Glauben gehört aber auch die Erfahrung, dass Gott der Ferne ist, der nicht (er)hört. Martin Luther hat wie kein anderer den fernen Gott zum Thema gemacht. Wenn es mir gut geht, wozu brauche ich dann Gott? Ist er nur der Erfüllungsgehilfe meiner Wünsche? Der das ausgleicht, was mir nicht aus eigenen Kräften gelingt?

DER GLAUBE MUSS SICH IN DEN STÜRMEN DES ALLTAGS BEWÄHREN.

Dass andere glauben, hilft mir wenig, wenn ich selbst nicht glauben, nicht darauf vertrauen kann, dass etwas gut wird. Das hätten wir uns auch für Bonhoeffer und Maria gewünscht, die noch keine 19 Jahre alt war, als sie sich kennenlernten.

Ihre Liebe hatte keine Chance, sie blieb letztlich unerfüllt. Nach seinem Tod hat sie ihr Leben noch vor sich. Sie wird zweimal heiraten, doch beide Ehen misslingen. Als sie sich 1974, drei Jahre vor ihrem Tod, endlich entschließt, den Briefwechsel mit ihrem Verlobten zu veröffentlichen, schreibt sie ihrer Schwester: „Ich bin immer wieder erstaunt, wie unglaublich verletzlich ich auf dem Gebiet von Dietrich und meiner Beziehung zu ihm bin." Ihre Liebe zu ihm war nie gestorben.

Nach dem letztlich unerfüllten Wunsch, dass ihm noch einmal die Freude an dieser Welt geschenkt sei, einschließlich des Danks für alles Vergangene und der Bereitschaft zur (Selbst-)Aufgabe, kehren wir in die Gefängniszelle zurück. Bonhoeffer hat gelernt loszulassen. Der Kampf neigt sich dem Ende entgegen. Er ist verloren. „Das ist das Ende – für mich der Beginn des Lebens" – so lauteten Bonhoeffers letzte große Worte, die Payne Best, britischer Geheimdienstoffizier, in einer Begegnung notierte. Loslassen können und die Erfahrung machen, gehalten zu werden – in der vierten Strophe gewinnt diese Erfahrung Gestalt. „Die Sicht auf das Sichtbare wandelt sich im Zeichen der Liebe", schreibt Oliver Kohler.

DIE LIEBE (GOTTES) IST
DER GEGENENTWURF ZU CHAOS UND TOD.
IN DER MITTE DER NACHT,
IN DER TIEFSTEN DUNKELHEIT,
BRICHT EIN NEUER TAG AN,
MISCHT SICH DAS MORGENROT
IN DAS SCHWARZ.

SORGE DICH NICHT

Sorge dich nicht,
sonst lässt die Angst dich nicht los,
sonst wird die Dunkelheit nicht weichen,
sonst wird die Unruhe nicht abnehmen,
sonst wird die Verzweiflung nicht kleiner,
sonst kann die Hoffnung nicht wachsen.
Sorge dich nicht,
sonst erkennst du nicht in der
Morgendämmerung den Tag,
sonst spürst du nicht den Schatten des Baumes,
sonst erlebst du nicht das Leuchten der Sterne,
sonst entdeckst du nicht den Regenbogen
nach dem Gewitter,
sonst bleibt dir das Wesentliche
im Leben verborgen.

Udo Hahn

„LASS WARM UND HELL DIE KERZEN HEUTE FLAMMEN …"

Wir kehren zurück in die Gefängniszelle und in die Gegenwart Bonhoeffers: Weihnachten 1944. Warm und hell möge es im Licht der Kerzen werden – ein Licht, das Gott selbst in die Dunkelheit der Welt gebracht hat. Möge der Wunsch Wirklichkeit werden, dass die Familie zum Weihnachtsfest zusammengeführt wird. Und für den Fall, dass sich dieses Wunder nicht ereignet, gibt es doch das Wissen, die Gewissheit des/der Glaubenden:

„DEIN LICHT SCHEINT IN DER NACHT."

Wir sind Wartende und Wandernde. Ungeduldig unterwegs, dass auch an uns dieses Wunder geschehe, dass unsere Dunkelheit ein Ende hat, dass unsere Traurigkeit in Freude verwandelt wird. Noch stehen wir im Dunkeln, wie vor einer verschlossenen Tür.

DAS ALTE HÄLT UNS NOCH GEFANGEN.
DOCH DIE ERSTEN LICHTZEICHEN SIND SCHON DA.
VORBOTEN, DASS ALLES NEU WERDEN KANN.
DIE AUGEN DES HERZENS ÖFFNEN DEN BLICK
FÜR DAS LICHT GOTTES.

„... DIE DU IN UNSRE DUNKELHEIT GEBRACHT"

Eine einzige Kerze kann einen dunklen Raum hell machen. Licht ist immer auch Wärme – wohliges Feuer am offenen Kamin oder Lagerfeuer. Licht verhilft zur Orientierung, erleuchtet den Weg. Licht ist nicht nur für Pflanzen lebensnotwendig, sondern auch für Tiere und Menschen. Licht vertreibt Angst.

Was Gott in die Welt gebracht hat, ist mit dem Licht einer Kerze nur höchst unzureichend beschrieben. Die Fülle der Kerzen gleicht einem Flammenmeer – der Feuersäule in der Nacht, die dem Volk Israel bei der Flucht aus der Knechtschaft in Ägypten den Weg durch die Wüste wies.

JEDE KERZE IST EIN ABGLANZ DER
HERRLICHKEIT GOTTES,
DIE ALLE FINSTERNIS UNTER UNS ÜBERSTRAHLEN SOLL.
SIE SIND HOFFNUNGSZEICHEN
FÜR WANDERNDE, DIE NICHTS MEHR ERSCHRECKEN KANN.

SIE SIND TROST FÜR ÄNGSTLICHE,
VOR DEREN LICHTERN ALLES DUNKLE WEICHEN MUSS.

Udo Hahn

DIE DUNKELHEIT UNSERES LEBENS MUSS WEICHEN.

GOTT SETZT EIN ZEICHEN,

DAS WIR NICHT ÜBERSEHEN.

UND WO WIR SEINEN WEG NICHT FINDEN,

DA SORGT ER SELBST FÜR LICHT.

SCHENKT **MUT** ZU NEUEM LEBEN,
KRAFT UND GLAUBEN.
UND **ZUVERSICHT**.

Udo Hahn

„... FÜHR, WENN ES SEIN KANN, WIEDER UNS ZUSAMMEN!"

Wenn von „frommen Wünschen" die Rede ist, weiß jeder, dass dieser eine und vielleicht einzige Wunsch keine Chance hat, in Erfüllung zu gehen. Völlig unrealistisch – eben ein frommer Wunsch. Gerade an Weihnachten ist die Einsamkeit kaum auszuhalten, ist die Sehnsucht nach Gemeinschaft so stark wie zu keiner anderen Zeit des Jahres. Bonhoeffer bleibt ein Hoffender: Es möge geschehen, „wenn es sein kann". Und wenn nicht, dann geht das Hoffen eben weiter. Als Glaubende vertrauen auf die Möglichkeiten Gottes.

Immer geht es um das Vertrauen auf Gottes Hand und Führung, wie er es immer wieder formuliert. „Du darfst nie daran zweifeln", schreibt er aus dem Gefängnis an seinen Freund Eberhard Bethge, „dass ich dankbar und froh den Weg gehe, den ich geführt werde". „Lass uns nie an dem irre werden, was uns widerfährt", ermahnt er seine Verlobte: „Es kommt alles aus guten, guten Händen". Und so betet er zu Gott:

„ICH TRAUE DEINER GNADE
UND GEBE MEIN LEBEN
GANZ IN DEINE HAND ...
MACH DU MIT MIR, WIE ES DIR GEFÄLLT
UND WIE ES GUT FÜR MICH IST.
OB ICH LEBE ODER STERBE, ICH BIN BEI DIR
UND DU BIST BEI MIR, MEIN GOTT.
HERR, ICH WARTE AUF DEIN HEIL
UND AUF DEIN REICH."

„WIR WISSEN ES, DEIN LICHT SCHEINT IN DER NACHT."

Dreimal begegnet das Motiv des Lichts in einer Liedstrophe. Mit allem Nachdruck unterstreicht Bonhoeffer, dass Gottes Licht dem Leben eine neue Qualität gibt. Wieder nimmt er Gedanken aus den Psalmen auf, etwa aus Psalm 107: Die in Dunkelheit und Finsternis Gefangenen rufen Gott an in ihrer Not – „und er wischt ihre Angst weg" (107,13) und führt sie aus der Finsternis ins Licht.

Das ist nicht einfach nur eine Idee, eine Überlegung, ein Wunsch: „Wir wissen es", dichtet Bonhoeffer. Hier spricht die Gewissheit des Glaubenden. Glauben heißt: Leben gegen den Augenschein. Leben aus der Hoffnung. Oder mit dem Schriftsteller Erich Kästner: „Wer glaubt, weiß mehr."

In letzter Konsequenz bedeutet dies:

ES GIBT KEINEN ORT, AN DEM GOTT NICHT IST.

Der Beter des 139. Psalms sieht in Gott den Allgegenwärtigen. „So wäre auch die Dunkelheit nicht dunkel bei dir, Gott, und die Nacht wäre hell wie der Tag. Dunkelheit ist wie das Licht" (139,12). Oder mit Worten des Johannesevangeliums: „Das Licht scheint in der Dunkelheit" (1,5). Oder mit dem Weihnachtsevangelium: „Die Herrlichkeit Gottes ließ alles hell erstrahlen" (Lukas 2,9).

„WENN SICH DIE STILLE NUN TIEF UM UNS BREITET ..."

Menschen kommen immer weniger zu Ruhe. Wer kann schon komplett abschalten? Dabei ist genau dies entscheidend. Wozu? „Zions Stille soll sich breiten / um mein Sorgen, meine Pein / denn die Stimmen Gottes läuten / Frieden, ew'gen Frieden ein." So hat Rudolf Kögel (1829–1896) gedichtet. Die Stille ist nötig, um Gottes Stimme zu hören.

IN DER MITTE DER NACHT BRICHT DER TAG AN.

Maria von Wedemeyer schrieb am 25. Dezember 1943 an ihren Verlobten: „Es ist tiefe, dunkele Nacht und die Gedanken wandern weite Wege. Jetzt, da all der Jubel, die Freude, der Kerzenschein und auch die Unruhe und der Lärm des Tages vorbei sind und es still geworden ist, drinnen und draußen, da werden andere Stimmen wach. Stimmen und Klänge werden hörbar, die der Alltag Schweigen macht. Laute, die zu dir gehen und solche, die von dir kommen. Der kühle Nachtwind und das Geheimnis der Dunkelheit kann die Herzen öffnen und lässt Kräfte hervor, die unbegreifbar, aber gut und tröstend sind ... Glaubst Du, dass es eine andere Tageszeit gäbe, die besser für Zwiesprache geeignet wäre, als die Nacht. Sieh, darum hat auch Christus die Nacht gewählt um zu uns zu kommen – mit seinen Engeln. – Ja, und heute ist Weihnachten!"

VERTRAUT DEM HELLEN LICHTE

In tiefster Nacht
ist Gott erschienen.
Sein Tag
ist nicht mehr fern.
Gott selber
will uns dienen.
Sein Heil
schenkt er uns gern.
Vertraut dem hellen Lichte,
das Dunkle ist gebannt.
Kommt vor sein Angesichte,
Gott führt mit güt'ger Hand.

Udo Hahn

„... SO LASS UNS HÖREN JENEN VOLLEN KLANG"

Im Gottesdienst wird es nur selten gesprochen bzw. gebetet: das Glaubensbekenntnis von Nizäa-Konstantinopel. In ihm bekennen wir Gott als den Schöpfer, der „die sichtbare und die unsichtbare Welt" geschaffen hat. Aus Letzterer kommen die Engel, die Boten Gottes. Und noch eine zweite Anspielung begegnet uns in der sechsten Strophe – sie gilt den himmlischen Heerscharen, die Gott loben, wie es in der Weihnachtserzählung des Lukasevangeliums heißt: „Gelobt sei Gott, immer und ewig. Friede allen Menschen!" (2,14). Hier ist keine Parallelwelt gemeint, sondern eine, die die andere überwölbt, umrahmt. Es ist eine Welt, die singt. Im Gesang entwickelt sich Gefühl zu Klang. Das (gemeinsame) Singen kann nicht hoch genug geschätzt werden. Beim Singen spüren wir uns selbst. Wir lernen loszulassen und uns anzuvertrauen. Die Lieder des Glaubens prägen – von Martin Luther über Paul Gerhardt zu Dietrich Bonhoeffer.

Großer Gott, wir loben dich
1. Gro – ßer Gott, wir lo – ben dich,
vor dir neigt die Er – de sich
Wie du warst vor al – ler Zeit

GEH DEINEN WEG

Den Engel im Leben entdecken
in einem aufmunternden Wort:
Du wirst geführt.
In einer ermutigenden Geste:
Geh deinen Weg.
In einer ausgestreckten Hand:
Du wirst getragen.
Suche nicht.
Du bist schon gefunden.

Udo Hahn

MANCHMAL BLEIBT DIR NICHTS ANDERES ÜBRIG,
ALS DIESEN TAG SO ZU NEHMEN,
ALS WÄRE ER DER LETZTE –

UND DENNOCH SO ZU LEBEN,
ALS KÄME NOCH EIN TAG.

KONZENTRIERE DICH AUF

DAS WESENTLICHE.

ÜBE DICH IN GEDULD. GEHE BEHUTSAM MIT DIR UM.

UND AUCH MIT ANDEREN.

Udo Hahn

„… DER WELT, DIE UNSICHTBAR SICH UM UNS WEITET"

Die Grenzen zwischen sichtbarer und unsichtbarer Welt werden für den Glaubenden durchlässig. Es gibt eine Welt jenseits dieser Welt. Dietrich Bonhoeffer begegnet uns hier als Mystiker – als einer, der Gott im Alltag erfahren hat.

In seinem Brief vom 19. Dezember 1944 heißt es: „Meine liebste Maria! Ich bin so froh, dass ich dir zu Weihnachten schreiben kann und durch dich auch die Eltern und Geschwister grüßen und euch danken kann. Es werden sehr stille Tage in unseren Häusern sein. Aber ich habe immer wieder die Erfahrung gemacht, je stiller es um mich herum geworden ist, desto deutlicher habe ich die Verbindung mit euch gespürt. Es ist, als ob die Seele in der Einsamkeit Organe bildet, die wir im Alltag kaum kennen. So habe ich mich noch keinen Augenblick allein und verlassen gefühlt. Du, die Eltern, ihr alle, die Freunde und Schüler im Feld, Ihr seid mir immer ganz gegenwärtig. Eure Gebete und guten Gedanken, Bibelworte, längst vergangene Gespräche, Musikstücke, Bücher bekommen Leben und Wirklichkeit wie nie zuvor. Es ist ein großes unsichtbares Reich, in dem man lebt und an dessen Realität man keinen Zweifel hat ... So ist diese Bewahrung am Abend und am Morgen durch gute unsichtbare Mächte etwas, was wir Erwachsenen heute nicht weniger brauchen als die Kinder. Du darfst also nicht denken, ich sei unglücklich. Was heißt denn glücklich und unglücklich? Es hängt ja so wenig von den Umständen ab, sondern eigentlich nur von dem, was im Menschen vorgeht. Ich bin jeden Tag froh, dass ich dich, euch habe und das macht mich glücklich froh... Hier noch ein paar Zeilen, die mir in den letzten Abenden einfielen. Sie sind der Weihnachtsgruß für dich und die Eltern und Geschwister."

„ALL DEINER KINDER HOHEN LOBGESANG."

Das Beten der Psalmen – das Singen der Gesangbuchlieder: Worte gegen die Angst. Lobgesang, der Gottes Handeln preist. Das Alte Testament präsentiert auch jenseits der Psalmen Lieder, die Gottes Tun in hymnischer Weise bejubeln. Etwa das Mirjamlied (2. Mose 15,21), das wohl älteste Lied der Bibel. Der Anlass: Dank für Gottes spürbares Eingreifen.

Singen gilt als ein wirksames Mittel gegen die Angst. Und gesungen wird auf vielfältige Weise – über alle Konfessionsgrenzen hinweg. In Kirchen, Klöstern, Konzertsälen und unter freiem Himmel.

GOTT GIBT MIR KRAFT, VOR WAS SOLLTE ICH MICH FÜRCHTEN?

Psalm 27,1

„VON GUTEN MÄCHTEN WUNDERBAR GEBORGEN ..."

Wir sind am Ende unseres Weges mit Dietrich Bonhoeffer. Noch einmal werden die „guten Mächte" beschworen. Er verstand darunter: „Du (Anm.: seine Verlobte), die Eltern, ihr alle, die Freunde und meine Studenten an der Front, sie alle sind für mich stets gegenwärtig. Deine Gebete, gute Gedanken, Worte aus der Bibel, längst vergangene Gespräche, Musikstücke und Bücher – das alles gewinnt Leben und Realität wie nie zuvor. Es ist eine große unsichtbare Welt, in der man lebt. An ihrer Realität gibt es keinen Zweifel."

ES GIBT ERFÜLLTES LEBEN
TROTZ VIELER UNERFÜLLTER WÜNSCHE.

Dietrich Bonhoeffer

Die „guten Mächte" sind wohl ein Grund dafür, dass Bonhoeffers Lied/Gebet von praktisch jedem Menschen gesprochen bzw. gesungen werden kann. Die einen sehen die „guten Mächte" als Synonym für Gott, wie er ihnen in der Bibel begegnet. Aber auch ganz schlicht in Menschen, die einem nahe sind, in Gebeten, in guten Gedanken, Bibelworten, Gesprächen, in Büchern und in der Musik. Alles kann zu Zeichen werden und auf Gott verweisen.

DU BIST BEI MIR,
WIE DIE LUFT,
DIE MICH UMGIBT.
BEI DIR BIN ICH GEBORGEN.

Psalm 139,5

GOTT SEGNE DEINEN WEG

Gott segne deinen Weg
Er gebe dir einen klaren Blick,
dass du sicheren Boden
unter den Füßen findest.
Er gebe dir Zeit zum Ausruhen,
wenn du neue Kraft brauchst.
Er gebe dir Mut zum Weitergehen,
wenn du unentschlossen bist.
Er gebe dir Klarheit über die Richtung,
wenn du an eine Wegkreuzung gelangst.
Er gebe dir ein aufmerksames Herz,
dass du stets seinen Geboten folgst.
Gott segne deinen Weg.

Udo Hahn

„ERWARTEN WIR GETROST, WAS KOMMEN MAG."

Jeder/jede sucht nach einem Zuhause, nach einem Ort, einem Menschen, der das Gefühl vermittelt, angekommen, angenommen, geborgen zu sein. Geborgenheit ist das Grundgefühl, Vertrauen zu haben, einen geschützten Raum. Ein Zustand, in dem wir uns sicher und zufrieden fühlen – mit einem selbst und der Welt. Ungeborgen zu sein bedeutet hingegen, ungeschützt zu sein, heimatlos, nirgends zu Hause, entwurzelt.

GEBORGENHEIT IST DIE VORAUSSETZUNG, UM GETROST ERWARTEN ZU KÖNNEN, WAS AUCH IMMER GESCHEHEN MAG.

Nicht gleichgültig oder desinteressiert, nicht mit dem vor Angst starren Blick des Kaninchens auf die Schlange, wie es sprichwörtlich heißt. Sondern mit Zuversicht.

Dabei ist der Ausgang offen. Ob Bonhoeffer damit gerechnet hat, je wieder in Freiheit zu kommen? Wir wissen es nicht. Was aber aus seinen Worten spricht, das ist die Haltung, dass alles in Gottes Hand liegt – und nicht in der Hand des Menschen.

Gleichgültig war ihm sein eigenes Schicksal sicher nicht. Mindestens einen Menschen gab es, der auf ihn wartete – seine Verlobte. Aber mit Gleichmut, mit Gelassenheit hat Bonhoeffer das Kommende erwartet. Das konnte er, weil er alles aus Gottes Händen zu nehmen verstand.

WEISHEIT IST ETWAS ANDERES ALS
WISSEN UND VERSTAND UND LEBENSERFAHRUNG.
WEISHEIT IST DAS GESCHENK,
DEN WILLEN GOTTES IN DEN KONKRETEN
AUFGABEN DES LEBENS ZU ERKENNEN.

Dietrich Bonhoeffer

„GOTT IST BEI UNS AM ABEND UND AM MORGEN ..."

Erstmals in diesem Lied spricht Bonhoeffer explizit von Gott. Vorher taucht das Wort nicht auf. Und noch eine Besonderheit: Den Begriff „Glaube" verwendet er an keiner einzigen Stelle – und redet doch die ganze Zeit davon.

Die Geborgenheit, von der Bonhoeffer spricht, weitet sich vom Ich zum Wir, in dem das tiefe Gefühl der Geborgenheit in Gottes Hand, im Du, zum Ausdruck kommt. Aufs Ganze gesehen kommen seine Worte ohne Pathos daher. Die Lage ist ernst, gar hoffnungslos. Aber das Entsetzen führt nicht zu Sprachlosigkeit. Die Worte klingen vollmächtig – da spricht einer, der Ahnung hat – und nicht vollmundig, gar reißerisch. Bonhoeffer hält den Widrigkeiten des Lebens das „Dennoch" eines Ausgesetzten entgegen, der im Glauben Trost und Geborgenheit und Hoffnung gefunden hat.

DEM STERN FOLGEN

Jeder Mensch lebt von Träumen,
die ihm sagen, dass alles anders werden kann.
Jeder Mensch braucht Glauben,
der die Hoffnung in ihm weckt,
dass es mehr gibt, als er sehen kann.
Jeder Mensch braucht Zuversicht,
dass er auf seinem Weg nicht allein ist.
Jeder Mensch braucht Ermutigung,
die ihn Neues wagen lässt.
Folge dem Stern.
Gegen alle Zweifel.
Gegen alle Angst.
Gegen alle Widerstände.
Dem Ziel entgegengehen
im Glauben, der stark macht.
In der Hoffnung, die Kräfte weckt.
In der Liebe, die alles trägt.
Unbeirrbar.

Udo Hahn

In einer früheren Fassung des Liedes hieß es fälsch-
licherweise „Gott ist mit uns". Das handschriftliche
Original lässt jedoch keinen Zweifel, dass es sich hier
um einen Fehler handelte. Wie wichtig der Unter-
schied – bei statt mit – jedoch ist, betont Albrecht
Schönherr, einer der bedeutendsten Schüler Bonhoeffers und später Bischof: „,Gott bei uns' besagt, dass wir
Gott nicht einfach mit unseren Wünschen und Zielen
identifizieren dürfen." Schönherr erinnert in diesem
Zusammenhang an die lästerliche Aufschrift „Gott mit
uns" auf den Koppelschlössern deutscher Soldaten.

ICH GLAUBE, DASS GOTT AUS ALLEM,
AUCH AUS DEM BÖSESTEN,
GUTES ENTSTEHEN LASSEN
KANN UND WILL.

Dietrich Bonhoeffer

WIR SCHWEIGEN AM FRÜHEN MORGEN
DES TAGES, WEIL GOTT
DAS ERSTE WORT HABEN SOLL ...

UND WIR SCHWEIGEN VOR DEM SCHLAFENGEHEN,
WEIL GOTT AUCH
DAS LETZTE WORT GEHÖRT.

Dietrich Bonhoeffer

„… UND GANZ GEWISS AN JEDEM NEUEN TAG."

Gott ist „bei uns": Am Abend, wenn ich zu Bett gehe, am Morgen, wenn ich aufstehe. Er ist bei uns, wenn Gutes gelingt und wenn wir scheitern. Er ist da, wie die Luft, die mich umgibt – wenn ich einatme und wenn ich ausatme. Er ist an jedem neuen Tag da, der auf den gerade vergangenen folgt. Er ist da, wenn mein Leben endet – und er ist an dem darauffolgenden Tag da. Wie sagte er noch? „Das ist das Ende – für mich der Anfang des Lebens."

Der Glaube stellt alles Erleben in eine neue Beziehung – zu Gott. Nichts wird schöngeredet. Belastendes beim Namen genannt. Am Ende wandelt sich Zweifel in Gewissheit. Was wird das neue Jahr bringen? Der neue Tag? Was kommt, bleibt ungewiss, an einem aber dürfen wir festhalten: Wir sind in Gott geborgen – und er ist bei uns.

DEN SICHEREN STANDPUNKT AUFGEBEN.
AUSGETRETENE WEGE VERLASSEN.
EINE NEUE RICHTUNG EINSCHLAGEN,

IN EINE UNGEWISSE ZUKUNFT,
IN DER NUR GEWISS IST,
DASS AUCH DORT EIN WEG FÜR DICH IST.

Udo Hahn

DIETRICH BONHOEFFER – DER DICHTER

„Von guten Mächten" gehört zu einem Zyklus von zehn Gedichten bzw. gedichtähnlichen Meditationen, die allesamt im Gefängnis entstanden sind. Und zwar zwischen Juni und Dezember 1944. Freund und Kollege Eberhard Bethge, Herausgeber der Werke Dietrich Bonhoeffers, ist sicher, dass er früher keine Gedichte geschrieben hat. Er ist Seelsorger und Prediger – Wissenschaftler, der sein theologisches Denken im universitären und gesellschaftlichen Diskurs behaupten muss. Die Dichtkunst zielt nicht auf den Diskurs, auf den Austausch von Argumenten, gar auf den Streit um der Sache willen.

Die Poesie verdichtet Worte zu Gedanken in einer neuen Sprache. Die Konzentration des Textvolumens führt bei Bonhoeffer auch zu einem sparsamen Gebrauch von Worten – oder sogar zum Verzicht. „Gott" kommt einmal vor, „Glaube" als Begriff sucht man vergeblich in seinem bekanntesten Gedicht.

Wie und warum es zu dieser Entwicklung kam, darüber gibt es keine Hinweise. Weder von Bonhoeffer selbst noch aus der Erforschung seines vielfältigen Werkes. In jedem Fall ist es ein neuer Versuch, von Gott zu sprechen.

Zwei Gedichte, das erste – „Vergangenheit" – und das letzte – „Von guten Mächten" –, sind erkennbar nicht an eine breitere Öffentlichkeit adressiert. Das erste ist nur für seine Verlobte bestimmt. Und das letzte ebenso.

VERGANGENHEIT

Du gingst, geliebtes Glück
und schwer geliebter Schmerz,
wie nenn' ich dich? Not, Leben, Seligkeit,
Teil meiner selbst, mein Herz, – Vergangenheit?
Es fiel die Tür ins Schloss,
ich höre langsam Schritte sich entfernen
und verhallen.
Was bleibt mir? Freude? Qual? Verlangen?
Ich weiß nur dies: du gingst –
und alles ist vergangen.
Spürst du, wie ich jetzt nach dir greife,
mich an dir festklammere, dass es dir wehtun muss?
Wie ich dir Wunden reiße, dass dein Blut quillt,
nur um deiner Nähe gewiss zu bleiben,
du leibliches irdisches, volles Leben?
Ahnst du, dass ich jetzt ein Verlangen habe
nach eigenen Schmerzen,
dass ich mein eigenes Blut zu sehen begehre,
nur damit nicht alles versinke – im Vergangenen.

Leben, was hast du mir angetan?
warum kamst du? warum vergingst du?
Vergangenheit, wenn du mich fliehst,
bleibst du nicht doch meine Vergangenheit, meine?
Wie die Sonne über dem Meer
immer rascher sich senkt,
als zöge es sie in die Finsternis,
so sinkt und sinkt und sinkt
ohne Aufhalten
dein Bild ins Meer des Vergangenen
und ein paar Wellen begraben es.
Wie der Hauch des warmen Atems
sich in kühler Morgenluft auflöst,
so zerrinnt dein Bild,
dass ich dein Angesicht, deine Hände,
deine Gestalt nicht mehr weiß,
ein Lächeln, ein Blick, ein Gruß erscheint mir,
doch es zerfällt,
löst sich auf,
ist ohne Trost, ohne Nähe,
ist zerstört,
ist nur noch vergangen.

Ich möchte den Duft
deines Wesens atmen
ihn einsaugen, in ihm bleiben
wie an einem heißen Sommertag
schwere Blüten die Bienen zu Gast laden
und sie berauschen,
wie Nachtschwärmer vom Liguster trunken werden,
aber ein rauher Windstoß zerstört Duft und Blüten
und ich stehe wie ein Narr
vor dem Entschwundenen, Vergangenen.
Mir ist, als würden mit feurigen Zangen Stücke
aus meinem Fleisch gerissen,
wenn du, mein vergangenes Leben, davoneilst.
Trotz und Zorn befällt mich,
ich stelle wilde, unnütze Fragen.
Warum? warum? warum? sage ich immer.
Wenn meine Sinne dich nicht halten können,
vergehendes, vergangenes Leben,
so will ich denken und wieder denken,
bis ich finde, was ich verlor.

Aber ich spüre,
wie das, was über mir, neben mir, unter mir ist,
rätselhaft und ungerührt über mich lächelt,
über mein hoffnungslosestes Mühn,
Wind zu haschen,
Vergangenes zurückzugewinnen.
Auge und Seele wird böse,
ich hasse, was ich sehe,
hasse, was mich bewegt,
hasse alles Lebendige und Schöne,
was mir Entgelt des Verlorenen sein will.
Mein Leben will ich,
mein eignes Leben fordr' ich zurück,
meine Vergangenheit,
Dich!
Dich – eine Träne schießt mir ins Auge,
vielleicht, dass ich unter Schleiern der Tränen
dein ganzes Bild,
dich ganz,
wiedergewinne?
Aber ich will nicht weinen.
Tränen helfen nur Starken,
Schwache machen sie krank.

Müde erreich' ich den Abend,
willkommen ist mir das Lager,
das mir Vergessen verheißt,
wenn mir Besitzen versagt ist.
Nacht, lösche aus, was brennt,
schenk mir volles Vergessen,
sei mir wohltätig. Nacht, übe dein mildes Amt,
dir vertrau' ich mich an.
Aber die Nacht ist weise und mächtig,
weiser als ich und mächtiger als der Tag.
Was keine irdische Kraft vermag,
woran Gedanken und Sinne,
Trotz und Tränen verzagen müssen
das schüttet die Nacht aus reicher Fülle über mich aus.
Unversehrt von feindseliger Zeit, rein, frei und ganz,
bringt der Traum dich zu mir,
dich, Vergangenes, dich, mein Leben,
dich, den gestrigen Tag, die gestrige Stunde.
Über deiner Nähe erwach ich mitten in tiefer Nacht
und erschrecke –
bist du mir wieder verloren?
such' ich dich ewig vergeblich,
dich, meine Vergangenheit, meine?

Ich strecke die Hände aus
und bete –
und ich erfahre das Neue:
Vergangenes kehrt dir zurück
als deines Lebens lebendigstes Stück
durch Dank und durch Reue.
Fass' im Vergangenen Gottes Vergebung und Güte
bete, dass Gott dich heute und morgen behüte.

Dietrich Bonhoeffer

DANKBARKEIT
MACHT DAS LEBEN ERST REICH.

Dietrich Bonhoeffer

DANKBARKEIT

Dankbarkeit
ist die Erinnerung des Herzens.
Sie weiß um das Gute,
das ihr widerfahren ist.
Dankbarkeit
ist die Fähigkeit,
aus den Erfahrungen
der Vergangenheit
ganz in der Gegenwart zu leben.
Dankbarkeit
ist das Gespür,
dass es im Leben Kräfte gibt,
über die ich nicht verfügen kann,
die mir zuwachsen, wenn ich sie brauche.

Udo Hahn

FREIHEIT

Nicht das Beliebige,
sondern das Rechte tun und wagen,
nicht im Möglichen schweben,
das Wirkliche tapfer ergreifen,
nicht in der Flucht der Gedanken,
allein in der Tat ist die Freiheit.
Tritt aus ängstlichem Zögern heraus
in den Sturm des Geschehens,
nur von Gottes Gebot
und deinem Glauben getragen,
und die Freiheit wird deinen Geist
jauchzend empfangen.

Dietrich Bonhoeffer

Quellennachweis:

Bibelzitate: Übertragung von Udo Hahn

Fotos: Cover, S. 32, 33, 76, 77: © Laura Pashkevich – stock.adobe.com; S. 5: Dietrich Bonhoeffer im Hof des Gefängnisses in Berlin-Tegel, © bpk/Staatsbibliothek zu Berlin; S. 7: © ic36006 – stock.adobe.com; S. 10, 11: © Thomas Vogel – istockphotos.com; S. 13: © Andrii Salivon – stock.adobe.com; S. 20, 21: © jarts – photocase.de; S. 25: © Gaby Jacob; S. 27: © PhotoSG – stock.adobe.com; S. 35: © alphaspirit – stock.adobe.com; S. 44, 45: © baona – istockphoto.com; S. 49: © PauloCsar – stock.adobe.com; S. 51: © Marek Walica – stock.adobe.com; S. 55: © nitimongkolchai – stock.adobe.com; S. 60, 61: © LedyX – shutterstock.com; S. 63: © despotoll – depositphotos.com; S. 66: © klagyivik – stock.adobe.com; S. 71: © eyetronic – stock.adobe.com; S. 83: © JohanS-jolander – gettyimages.de; S. 86: © annelie_bayer – stock.adobe.com; S. 89: © Valery Bareta – stock.adobe.com; S. 90, 91: © paladin1212 – stock.adobe.com; S. 95: © kavun-chik – stock.adobe.com; S. 97: © ghyslainh – istockphotos.com; S. 102: © Konstiantyn – stock.adobe.com; S. 113: © JulietPhotography – stock.adobe.com; S. 115: © #6917 – colourbox.de; S. 117: © kritskaya – shutterstock.com

Grafische Elemente: Vorsatz, Nachsatz: © YoPixArt – stock.adobe.com; S. 3, 6, 19, 31, 41, 75, 109: (Fisch): © e2Press – shutterstock.com; S. 6, 19, 31, 36, 41, 53, 75, 85, 99 (Blätter): © danielabarreto – stock.adobe.com; S. 14, 15, 28, 48, 56, 73, 80, 81, 88, 111, 123 (Pusteblumen): © Katerina Ramanova – iStockphoto.com

Das Gesamtprogramm von Butzon & Bercker finden Sie im Internet unter **www.bube.de**

MIX
Papier | Fördert gute Waldnutzung
FSC® C100431
www.fsc.org

ISBN 978-3-7666-2633-2

4. Auflage 2025 der überarbeiteten Neuausgabe 2019

Umschlaggestaltung: Werner Dennesen, Weeze
Satz: Kai & Amrei Serfling, Leipzig